ÉLOGE FUNÈBRE

DE M. L'ABBÉ

VINCELOT

CHANOINE HONORAIRE DE LA CATHÉDRALE
AUMONIER DE LA PENSION SAINT-JULIEN

PRONONCÉ

DANS LA CHAPELLE DE SAINT-JULIEN

LE 15 MAI 1877

PAR

M. L'ABBÉ CRÉPON

CHANOINE HONORAIRE
AUMONIER DES SERVANTES DU SAINT-SACREMENT

ANGERS
IMPRIMERIE P. LACHÈSE, BELLEUVRE ET DOLBEAU
Chaussée Saint-Pierre, 13

1877

ÉLOGE FUNÈBRE

DE M. L'ABBÉ

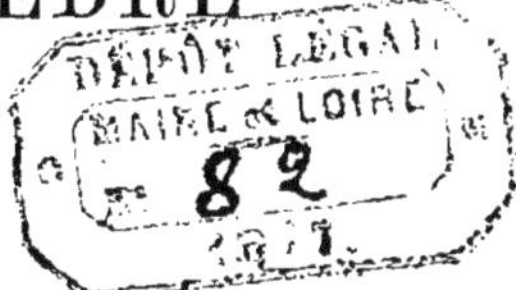

VINCELOT

CHANOINE HONORAIRE DE LA CATHÉDRALE
AUMÔNIER DE LA PENSION SAINT-JULIEN

PRONONCÉ

DANS LA CHAPELLE DE SAINT-JULIEN

LE 15 MAI 1877

PAR

M. L'ABBÉ CRÉPON

CHANOINE HONORAIRE
AUMONIER DES SERVANTES DU SAINT-SACREMENT

ANGERS
IMPRIMERIE P. LACHÈSE, BELLEUVRE ET DOLBEAU
Chaussée Saint-Pierre, 13

1877

AUX ANCIENS ÉLÈVES

ET

AUX AMIS

DE M. L'ABBÉ VINCELOT

Dans une réunion des anciens élèves de la pension Saint-Julien, il a été décidé, pour répondre au sentiment de tous, qu'un monument serait élevé, dans la chapelle de Saint-Julien, à la mémoire de M. l'abbé Vincelot. Le frère Directeur a bien voulu, à cet effet, concéder l'emplacement dans une des travées de la chapelle. Le monument qu'on se propose d'élever consistera en un piédestal, avec une inscription, surmonté du buste en marbre ou en bronze du vénéré défunt.

Pour mettre à exécution ce pieux projet, une souscription est ouverte entre les élèves anciens ou nouveaux de la pension, et les amis de

M. Vincelot. Un comité chargé de recueillir les fonds et de surveiller l'exécution du travail, est constitué comme suit :

Président : M. l'abbé CHOYER, chanoine honoraire, ancien professeur de dessin à la pension.
Secrétaire : M. Jules ANDRÉ.
Membres : Le FRÈRE DIRECTEUR de la pension.
M. BONNET, architecte.
M. Eug. CLOUARD, propriétaire.
M. L. LEVESQUE, négociant.
M. F. CASSIN DE LA LOGE.
M. P. FOURRIER, notaire.
M. L. BOUCÉ, ancien notaire.
M. CARTIER.

Le F. Directeur de la pension et M. Fourrier, notaire, rue des Lices, ont été désignés pour recevoir les souscriptions.

Amico fideli nulla est comparatio, et non est digna ponderatio auri et argenti contra bonitatem fidei illius.

Rien n'est comparable à l'ami fidèle, et il n'est aucun poids d'or et d'argent qui puisse payer le prix et l'excellence de ses services.

(ECCLÉSIASTIQUE, VI, 15.)

MES FRÈRES,

C'était à Noël 1838; il y a un peu plus de trente-huit ans. A l'église cathédrale, dans la modeste chapelle du baptistère, un pensionnat composé de jeunes enfants en petit nombre était rangé sous la surveillance de ses maîtres au pied des degrés du sanctuaire. Au saint autel, un jeune prêtre célébrait pour la première fois le redoutable sacrifice de la loi nouvelle. Un prêtre vénérable, qui avait travaillé à son éducation, l'assistait dans cette auguste et sublime fonction. Le sacrifice commencé, après le saint évangile, le prêtre assistant prit la parole, et laissa tomber parmi ces enfants étonnés cette question, qui se faisait autrefois autour du berceau de Jean-Baptiste : *Quis, putas, puer iste erit*[1]*?* Quel pensez-vous que sera ce nouveau-né?

C'est qu'en effet la mission du prêtre est si grande et atteint une portée si incommensurable; le saint prêtre, l'homme de Dieu, l'ange du sanctuaire entraîne si nécessairement après lui, glorieux et bienheureux cortége, une légion d'élus, que l'Eglise, à la naissance sacerdotale d'un nouveau prêtre, est toujours en droit de se demander avec anxiété : Quel pensez-vous que sera ce nouveau-né?

Or, Messieurs, vous le comprenez sans que j'aie besoin de le dire, cet humble pensionnat renfermait les premiers éléments de la future pension Saint-Julien. Le Supérieur qui le présidait était le vénérable M. Lambert, le créateur, le fondateur et le père de la pension Saint-Julien, ce grain de sénevé transformé sous sa paternelle direction en un arbre florissant, sur les branches duquel les oiseaux du ciel sont venus depuis lors en si grand nombre chercher l'ombrage, la nourriture et la vie : l'ombrage contre les soleils désastreux du siècle, la nourriture contre la meurtrière famine du monde, la vie contre les mille morts qui entourent, qui poursuivent et ne cessent de tuer les âmes. Les maîtres et les élèves rassemblés et recueillis au pied du sanctuaire étaient ses collaborateurs et ses enfants, dont plusieurs sont ici présents. Le jeune prêtre qui célé-

[1] Posuerunt omnes qui audierant in corde suo, dicentes : Quis, putas, puer iste erit? Etenim manus Domini erat cum illo. *S. Luc*, I, 66.

brait avec ferveur sa première messe était M. l'abbé Vincelot, de si douce, si regrettable et si regrettée mémoire. L'ancien du sacerdoce qui l'assistait dans la célébration de sa première messe était le supérieur du Petit-Séminaire Mongazon, aujourd'hui le R P. Derice, religieux de la Compagnie de Jésus. A la question évangélique qu'il adressa alors à son jeune auditoire c'est moi qui, contrairement à toutes les prévisions, viens aujourd'hui apporter la réponse.

A la première messe célébrée par M. Vincelot, l'Église demandait : *Quel pensez-vous que sera ce nouveau-né?* A la dernière messe célébrée pour lui, l'Église répond : *Rien n'est comparable à l'ami fidèle, et il n'est aucun poids d'or et d'argent qui puisse payer le prix et l'excellence de ses services.*

« C'est une grande chose que l'amitié, disait saint « Chrysostôme aux chrétiens de Constantinople; « une chose si grande, qu'aucune parole ne peut la « faire comprendre à ceux qui ne la connaissent pas « de science expérimentale[2]. Si je vous parlais d'une « plante qui croît aux Indes sans vous en montrer « aucun exemplaire, vous ne pourriez vous en faire la « moindre idée[3]. Et comme l'amitié est une fleur du

[2] Magna res est amicitia, et quam sit magna nulla oratio nec dicere, nec explicare potest, præter ipsam experientiam. S. Chrysostome, *Homil.* II *in Epist.* I *ad Thessal.*

[3] Quemadmodum si loquerer de aliqua planta quæ nascatur in India, cujus nemo experientiam haberet, ne posset quidem rem explicare oratio, etiamsi infinita dicerem; ita quæcumque nunc dixero, frustra dicam; nemo poterit scire. S. Chrysostome, *loco citato.*

« ciel et que je ne puis vous en donner aucun mo-
« dèle, je me sens attristé parce qu'il m'est impos-
« sible de vous en révéler toute l'excellence : *An-
« gor quòd non possim exemplo rem ostendere.* »

Pour mon compte, Messieurs, je n'éprouve ni cette impuissance ni cette angoisse du grand évêque. J'ai à vous offrir, en la personne de celui que nous pleurons, un modèle parfait de cette fleur du ciel qui est l'amitié chrétienne et sacerdotale ; un modèle qui, j'ose l'espérer, nous fera merveilleusement comprendre le sens profond de cette parole des livres saints : *Rien n'est comparable à l'ami fidèle; celui qui l'a trouvé, a trouvé un trésor.*

Tel est le sujet de cet éloge funèbre à la mémoire de M. l'abbé MICHEL-HONORÉ VINCELOT, CHANOINE HONORAIRE DE LA CATHÉDRALE, OFFICIER DE L'INSTRUCTION PUBLIQUE, ANCIEN DIRECTEUR ET, EN DERNIER LIEU, AUMÔNIER DE LA PENSION SAINT-JULIEN.

I

L'amitié fait le charme de la vie. Et il suffit, pour en comprendre la raison, de nous rappeler qu'elle est un souffle de Dieu tombé sur le cœur humain et qu'un ami fidèle est pour nous un *alter ego* [1], un

[1] Interrogatus quidam quid esset amicus, respondit : Alter ego. S. Jérôme, *in Michæam proph.*, lib. II, cap. VII.

— —

autre nous-même en qui nous pouvons nous confier avec autant de sécurité qu'en nous-même, et de qui nous sommes en droit d'espérer autant d'affection, d'intérêt et de dévouement que nous pourrions en attendre de nous-même [5]. Si nous sommes plongés dans la douleur, en partageant nos poignants chagrins il en diminue de moitié l'amertume. Si, au contraire, nous tressaillons d'allégresse, en recevant dans son cœur le trop-plein de nos joies il en double le prix et les rend deux fois plus vives [6].

Saint Augustin a merveilleusement exprimé cette vérité, lorsque, après la mort de son ami le plus cher, il écrivait ces admirables paroles : « J'ai perdu « la moitié de mon âme; car son âme et la mienne « n'en faisaient qu'une. Aussi la vie m'est-elle en hor- « reur, et je ne veux pas continuer à vivre ainsi « réduit à la moitié de moi-même; et si néanmoins « j'ai peur de mourir, peut-être est-ce pour ne pas « ensevelir tout entier celui que j'ai tant aimé [7]. »

Il n'est donc pas étonnant d'entendre tous les maîtres de la science, de la science profane aussi bien

[5] Quid dulcius quam habere amicum, cum quo omnia audeas, cui sic credas ut tibi, cui sic loquaris ut tecum? Senèque, *in Proverb.*

[6] Amicitia secundas res facit splendidiores; adversas partiens communicansque reddit leviores. *De Amicitiâ,* cap. v, *inter opera S. Augustini.*

[7] Bene quidam dixit de amico suo : « Dimidium animæ meæ. » Nam ego sensi animam meam et animam illius unam fuisse animam in duobus corporibus. Et ideo mihi horrori erat vita, quia nolebam dimidius vivere; et ideo forte mori metuebam, ne totus ille moreretur quem multum amaveram. S. Augustin, *Confess.*, lib. IV, cap. vi.

que de la science sacrée, enseigner de concert que rien au monde, après la vertu, ne saurait être ni plus excellent, ni plus nécessaire, ni plus désirable que l'amitié.

« On ne peut, dit saint Augustin, ni rien désirer « de plus saint, ni rien chercher de plus utile, ni « rien trouver de plus rare, ni rien goûter de plus « doux, ni rien posséder de plus précieux que l'ami- « tié, qui produit les fruits les plus savoureux de la « vie présente et ceux de la vie future [8]. »

« Si vous n'avez pas d'amis, dit saint Chrysostôme, « encore que vous possédiez toutes les grandeurs de ce « monde, que vous nagiez dans toutes les délices de « la vie, que vous jouissiez d'une immense fortune, « vous manquez de tout et vous êtes le plus mal- « heureux des hommes [9]. »

« Mieux vaudrait pour vous être privé de la lu- « mière du soleil que de n'avoir pas d'amis. Combien « d'hommes qui des yeux du corps voient parfaite- « ment clair, et dont les âmes sont ensevelies dans les « ombres de la mort ! Ceux qui ont un ami, je parle « d'un ami selon le Cœur de Dieu, n'ont pas ce mal- « heur à craindre [10]. »

[8] In rebus humanis nihil sanctius appetitur, nihil quæritur utilius, nihil difficilius invenitur, nihil experitur dulcius, nihil fructuosius tenetur amicitia. Habet enim fructum vitæ præsentis et futuræ. *De Amicitia*, cap. v, *inter opera S. Augustini.*

[9] Qui nullum amicum habet, quamvis ditissimus sit, quamvis omni copia et deliciis abundet, quamvis innumera bona possideat, omnibus caret. Hujusmodi vir quam vitam vivet ? S. Chrysostome, *Homilia* LXXVIII *in Joan.*

[10] Melius est ut sol nobis extinguatur, quam ut privemur ami-

C'est ce qui faisait dire au grand orateur de Rome que « l'amitié est plus nécessaire à la vie que l'eau « et le feu [11] ; » et chez les Juifs un proverbe populaire ne laissait aucune place entre l'amitié et la mort : *Aut societas, aut mors.*

Mais, hélas! Messieurs, où trouver par le temps qui court cet ami fidèle? Ce n'est pas le nom qui manque assurément. Rien n'est plus commun que le nom, rien n'est plus rare que la chose. Des amis, on en trouve partout : amis de circonstance et du moment, qui n'ont d'autre mobile que l'intérêt, et qui, lorsqu'ils n'ont plus rien à espérer de leurs amis, les traitent comme une fleur que l'on jette à terre et qu'on foule aux pieds quand elle est défaite et flétrie [12] ; amis de table et de plaisir, qui, comme des oiseaux de proie, lorsqu'ils ont dévoré la substance de leurs amis, prennent leur essor et disparaissent pour toujours [13]; amis d'apparence et de nom, qui exigent de leurs amis une vie tout entière de dévouement et de sacrifice, et qui, en retour de leur généreuse affection, ne savent que les payer d'ingratitude, les blesser,

cis. Et quomodo, ego dicam. Multi solem videntes sunt in tenebris; amicis autem instructi, numquam in ærumnis versantur. De amicis loquor spiritualibus, qui nihil præferunt amicitiæ. S. Chrysostome, *Homil.* II *in Epist.* I *ad Thessal.*

[11] Amicus magis necessarius est, quam ignis et aqua. Cicéron, lib. *de Amicitia.*

[12] Est amicus secundum tempus suum, et non permanebit in die tribulationis. *Ecclésiastique*, VI, 8.

[13] Est amicus socius mensæ, et non permanebit in die necessitatis. *Ecclésiastique.* VI, 10.

les maltraiter et les déchirer sans paix ni trêve [14].

L'ami fidèle, dit saint Jérôme, on le cherche longtemps, on y dépense même sa vie tout entière : *Amicus diu quæritur*. Et après l'avoir cherché pendant de longues années, on a toutes les peines du monde à le trouver, souvent même on ne le trouve jamais : *Vix invenitur*. Et quand, par une bonne fortune inespérée on est parvenu à le découvrir, on le conserve plus difficilement encore · *Difficile servatur* [15].

Et cependant, mes chers enfants, cet ami fidèle si difficile à rencontrer, par un bienfait inestimable de la bonté divine vous l'aviez trouvé ; et, après l'avoir trouvé et possédé trop peu de temps, par un incalculable malheur vous l'avez perdu pour toujours. Tant qu'il a été le père de vos âmes, il veillait sur vous ; et, selon l'expression de saint Chrysostôme, ce que vous ne pouviez pour vous, cet excellent ami le faisait lui-même, et il ne pouvait vous arriver malheur. Et vous étiez en sécurité sous les ailes de son amour infiniment plus que les rois de ce monde derrière les mille glaives de leurs satellites [16].

[14] Est amicus solo nomine amicus ; sodalis autem et amicus ad inimicitiam convertentur. *Ecclésiastique*, XXXVII, 1, 2.

[15] Legi in cujusdam controversia : « Amicus diu quæritur, vix invenitur, difficile servatur. » S. Jérôme, *in Michæam*, lib. II, cap. VII, v. 5-7.

[16] Quæ sibi præstare nequit, per amicum poterit, imo plura, nec potest ipsi quidquam mali accidere. Neque enim regii satellites ita vigiles et diligentes sunt, ut amici. Illi namque necessitate ducti custodiunt, hi benevolentia et dilectione ; amoris autem longe major vis est quam timoris. S. Chrysostome, *in Joan. Homil.* LXXVIII.

II

Tout homme venant en ce monde, Messieurs, a sa vocation, sa destinée, sa raison d'être, sa mission dans les desseins de Dieu. Et c'est pourquoi en entrant dans la vie il trouve ouvert et tracé devant lui, dans la grande ligne de sa vocation, le sentier spécial par lequel il doit personnellement marcher. Et pour répondre en y marchant à ce que Dieu lui demande, il a par devers lui ses aptitudes naturelles et son attrait intérieur; il a ses nuances d'esprit et de cœur, de pensée et de caractère, de parole et de langage, de travail et d'action; il a sa personnalité distincte et, pour tout dire dans un mot, il est lui-même. Et c'est en exploitant surnaturellement ces qualités humaines et en les appliquant au service de Dieu selon l'ordre de sa volonté sainte qu'il se fait des jours pleins, et qu'il remplit sa place dans le plan de la divine Providence.

Ce principe toujours vrai est rarement aussi nettement accentué dans une vie d'homme qu'il l'a été dans la vie de M. l'abbé Vincelot. Quelle était donc sa mission spéciale? Ce n'était, nous ne l'ignorons pas, ni les austérités et les douleurs de la pénitence, ni le silence et le repos de la contemplation, ni le mouvement et l'activité de la vie apostolique, ni le zèle et l'expansion du ministère pastoral, ni même les conditions ordinaires du prêtre attaché à une maison d'éducation. Il avait à remplir une mission personnelle et à lui ; il n'a point été ce que nous sommes, et aucun de nous ne pourrait être ce qu'il était.

L'abbé Vincelot n'a jamais hésité sur le genre de ministère qu'il devait embrasser dans sa carrière sacerdotale. Son éducation ecclésiastique à peine terminée, son parti fut pris aussitôt et irrévocablement. Il s'adjoignit au vénérable fondateur de la pension Saint-Julien, et, quoique simple diacre, il entra dans sa maison pour n'en plus sortir. Ne pourrais-je pas dire ici, comme autrefois saint Grégoire le théologien faisant l'éloge funèbre de son illustre ami saint Basile, qu'il a prévenu son ordination et qu'il était prêtre avant même d'être prêtre [17] ? Il était prêtre par l'esprit et par le cœur, par la foi, par la piété et par les vertus évangéliques, par une ferveur et une sainteté précoce qui le préparait d'avance à recevoir, quand il en serait temps, la plénitude de l'esprit sacerdotal.

C'est dans cette position qu'il reçut l'onction sainte. C'est dans l'exercice de cet humble ministère qu'il est né comme prêtre ; c'est là qu'il a vécu et là qu'il est mort. Et c'est pourquoi je ne crois pas me tromper en disant que sa mission particulière a été d'être pour la pension Saint-Julien L'AMI FIDÈLE ; en

[17] Quod maximum est, sacerdos etiam ante initum sacerdotium. S. Grégoire de Nazianze, *Oratio* XLIII, 13, édition Caillau.

sorte qu'il soit impossible à aucun de nous qui l'avons connu, élèves, maîtres ou amis de cette maison, de jamais prononcer le nom de M. Vincelot sans que le nom de la pension Saint-Julien nous vienne en même temps aux lèvres enlacé avec le sien, et sans que nous sentions jaillir de nos cœurs cette maxime des pages sacrées : *Rien n'est comparable à l'ami fidèle; celui qui l'a trouvé, a trouvé un trésor.*

Telle était, me semble-t-il, sa mission providentielle.

Et comme Notre-Seigneur n'appelle jamais un ouvrier évangélique à une mission difficile et grave sans lui fournir en même temps tous les secours dont il a besoin pour en bien remplir les devoirs, Notre-Seigneur a donné à M. Vincelot toutes les grâces nécessaires pour élever en sa personne l'amitié jusqu'au sommet de sa perfection surnaturelle [18]. Et comme la vie de l'amitié est essentiellement la vie du cœur, Notre-Seigneur, qui, selon l'expression du prophète, façonne en détail et un à un tous les cœurs des hommes [19], a formé le cœur de M. Vincelot sur le modèle de son propre Cœur, qui est le Cœur de l'ami divin, avec une sollicitude spéciale et une prédilection infinie. Et comme à

[18] Generalis regula est quod, quandecumque divina gratia eligit aliquem ad aliquem sublimem statum, omnia charismata donet quæ illi personæ sic electæ et ejus officio necessaria sunt, atque illum copiose decorant. S. Bernardin de Sienne, *Sermo* I *de S. Joseph.*

[19] Qui finxit sigillatim corda eorum. *Psalm.* XXXII, 15.

tous ceux qui doivent être, selon l'ordre surnaturel, des générateurs d'innombrables âmes il donne toujours d'immenses trésors de grâces, non-seulement pour eux-mêmes, mais encore pour toutes les âmes qu'ils doivent engendrer à la vie divine, Notre-Seigneur a ouvert son divin Cœur et laissé tomber dans celui de son serviteur une source tellement profonde d'amitié, d'affection, de charité, de tendresse, de délicatesse, qu'elle a pu déborder de son cœur et se déverser tout autour de lui pendant près de quarante ans sans s'épuiser jamais.

III

Et maintenant, Messieurs, que vous dirai-je de cette vie si simple, si monotone, si invariablement la même, et cependant si grande dans sa simplicité, si pleine dans sa monotonie, si glorieuse sous le nuage de sa perpétuelle obscurité ?

M. Vincelot n'était point, en effet, un de ces administrateurs habiles, il est vrai, mais qui ne font de l'éducation qu'à distance et ne descendent jamais de ce qu'ils appellent la sphère de l'administrateur supérieur ; qui enrégimentent leurs enfants par groupes savamment combinés, qui règlent avec intelligence la distribution de leurs journées, qui organisent leurs études conformément aux méthodes jugées les meilleures, mais qui s'en tiennent là et ne gouvernent jamais leur maison autrement que par une hiérarchie régulière de subalternes. Ce genre d'éducation, qui produit les fruits que nous connaissons tous, M. Vincelot a cent fois exprimé devant moi la profonde répulsion qu'il lui inspirait; et cette horreur s'accentuait bien plus énergiquement encore dans son dévouement sans mesure que dans ses paroles indignées.

Il était, lui, l'ami fidèle de la pension Saint-Julien. C'est assez dire que la pension Saint-Julien était la moitié de son âme : *Animæ dimidium meæ*, et que sa vie tout entière était, par conséquent, identifiée avec celle de ses jeunes amis. Aussi, tout ce qui les touchait et les intéressait de près ou de loin lui allait droit au cœur. Leurs douleurs étaient ses douleurs, leurs espérances ses espérances, leurs joies ses joies; et tous les bruits de leurs jeunes cœurs trouvaient toujours un affectueux écho dans le cœur de leur meilleur ami. En pouvait-il être autrement? Une âme n'est-elle pas indivisible, et comment une moitié d'elle-même pourrait-elle pleurer sans que l'autre moitié lui réponde par des larmes?

Il n'entre pas dans mon plan de suivre l'abbé Vincelot dans les mille détails de sa vie de professeur, de directeur et d'aumônier de la pension Saint-Julien. L'avoir vu à l'œuvre pendant un jour, c'est l'avoir vu pendant toute sa vie; connaître ses

2

rapports de père et d'ami avec un seul de ses élèves, c'est connaître son cœur dans ses relations quotidiennes avec ses innombrables enfants. Je suis, quoique à regret, forcé par le temps de traverser à grands pas toutes ces choses à la fois si petites et si grandes, et je ne puis en tracer qu'une vue d'ensemble et un simple aperçu.

Il se préoccupait avant tout et par dessus tout, qui de nous ne le sait? de former les âmes de ses enfants et de ses jeunes gens aux devoirs et aux habitudes de la vie chrétienne.

Il y travaillait par l'instruction chrétienne à ses différents degrés; par ses conférences religieuses si solides, si substantielles, si lumineuses, si intéressantes, qui devaient, dans sa pensée, jeter chez eux les fondements de l'édifice divin et en poser les premières assises assez profondes, assez fortement cimentées, assez solides pour qu'elles pussent traverser inébranlables les jours les plus difficiles et les temps les plus orageux de la vie.

Il y travaillait par la lecture spirituelle de chaque jour, dans laquelle il excellait. Il avait pour cette causerie du soir une facilité, une abondance, un entrain, un talent d'à-propos, une verve d'esprit tempérée toujours par la bonté de son cœur, qui ne tarissaient jamais et tenaient son jeune auditoire suspendu à ses lèvres.

Il y travaillait par la direction des âmes, ce tête-à-tête du père spirituel et de l'enfant, cette conversation intime de l'ami avec l'ami, où s'opère souvent tant de merveilles de grâce, où le cœur s'ouvre, où la conscience se dilate et respire, où les torts se reconnaissent, où les aveux jaillissent du cœur, où les larmes coulent des yeux, où les généreuses résolutions se prennent, où il se fait, en un mot, selon l'expression de saint Paul, une création nouvelle dans le Christ Jésus.

Il y travaillait par l'administration du sacrement de pénitence. Dans ce tribunal de la miséricorde et du pardon, médecin spirituel, il cicatrisait les blessures des âmes et guérissait leurs infirmités naissantes; ami fidèle et selon le Cœur de Dieu, par sa parole, qui, même sous un air de reproche, était toujours aimante et bonne, il relevait les courages abattus, il renouvelait les volontés expirantes, il redonnait du ressort et de l'élan aux âmes affaissées sur elles-mêmes; prêtre de Jésus-Christ, il versait dans les âmes, sous sa main bénissante, la fraîcheur, la respiration et la vie de Dieu dont il était le ministre et le dispensateur.

Il y travaillait en les conduisant à la table sainte et au banquet eucharistique. Sans l'Eucharistie, a dit saint Bonaventure, la jeunesse n'est plus qu'un vil troupeau de bêtes immondes [20]; tandis que l'amour, l'adoration, la fréquentation de l'Eucharistie produit chez elle, en sens précisément in-

[20] Tolle hoc sacramentum de Ecclesia, et quid erit in mundo nisi error et infidelitas? Et populus christianus erit quasi grex porcorum dispersus et idololatriæ deditus, sicut expresse patet in cæteris infidelibus. S. Bonaventure, *De præparatione ad Missam*, cap. II.

verse, dans l'intelligence une lumière toujours plus radieuse, dans le cœur une innocence toujours plus angélique, dans l'âme une efflorescence des vertus chrétiennes toujours plus ravissante. En sorte que, comme le soleil, pour parler en style biblique, est *le firmament* de l'univers, parce que c'est autour de lui que gravitent et par lui que vivent tous les mondes; ainsi, Jésus-Eucharistie est *le firmament* des jeunes âmes, qui ne palpitent que par lui, qui n'ont de mouvement et d'action, de lumière et de chaleur, de ressort et de volonté, d'énergie et de puissance, de respiration et de vie qu'en Jésus et par Jésus. Aussi, la connaissance de l'Eucharistie, l'amour de l'Eucharistie, le service pratique de l'Eucharistie, étaient-ils pour l'abbé Vincelot le but suprême de ses pensées et de ses désirs, de ses paroles et de ses enseignements, de ses travaux et de ses efforts dans la direction de ses jeunes gens, parce que là était pour eux la source, la plénitude et le sommet de la vie divine qu'ils étaient venus chercher près de lui.

Comme l'amitié parfaite, selon la doctrine de saint Augustin, aspire sans cesse à façonner celui qu'elle aime à son image et à sa ressemblance, l'abbé Vincelot s'est dépensé pendant toute sa vie pour faire de ses jeunes amis de parfaits chrétiens, parce qu'il l'était lui-même [21]. Leur inspirer une invincible horreur du péché, qu'il détestait lui-même d'une haine irréconciliable; les enchaîner à jamais

[21] Ad hoc amas ut facias quod et tu es, et erit in te perfecta charitas. S. Augustin, *Homil.* XXXVIII *inter quinquaginta.*

sous le joug béni du Seigneur Jésus, qu'il servait lui-même avec une fidélité à toute épreuve; élever leurs regards, par delà les jours éphémères du temps, jusqu'à *la montagne de Sion, la cité du Dieu vivant, la Jérusalem céleste, l'Eglise des primitifs* [22], qui était pour lui-même son espérance la plus chère [23] : tel était le programme de sa vie dans l'éducation de ses enfants. Et l'on dirait que saint Augustin racontait d'avance son histoire intime en écrivant cette page que je n'ai fait que traduire.

IV

Je ne sais, Messieurs, s'il est au monde un genre d'existence plus antipathique, plus pénible, plus douloureux à toutes les aspirations de la nature que la vie du prêtre et du religieux consacré à l'éducation de la jeunesse. On le salue du nom de maître, et il ne l'est de personne, de lui-même moins encore que de tout autre, et sur aucune existence la loi de l'obéissance ne pèse aussi lourde que sur la sienne, et personne plus que lui n'est le

[22] Accessistis ad Sion montem, et civitatem Dei viventis, Jerusalem cœlestem, et Ecclesiam primitivorum qui conscripti sunt in cœlis. *Hebr.*, XII, 22, 23.

[23] Amas justitiam, vis amicum tuum esse justum ; amas sub Deo esse, vis et illum esse sub Deo. Amas vitam æternam, illic eum vis tecum regnare in æternum. S. Augustin, *loco citato.*

serviteur des serviteurs de Dieu. Toute sa vie se réduit à s'oublier et à se renoncer soi-même, à se rappetisser et à s'humilier soi-même, à s'immoler et à se sacrifier soi-même, à mourir en tout et toujours à soi-même, en sorte que sa vie est racontée en détail dans ce seul mot de l'apôtre : *Je suis cloué à la croix avec Jésus-Christ* [24]. Sa vie, pour parler humainement, n'est autre chose que la servitude sans aucune liberté, le voyage sans aucune halte, le travail sans aucun repos, la fatigue sans aucun délassement, le sacrifice sans aucun retour de reconnaissance, l'immolation sans aucun bénéfice, la mort et l'ensevelissement sans aucune gloire. Il n'a pas même pour se dédommager, selon l'expression d'un grand évêque des Missions étrangères, il n'a pas même en perspective à l'horizon de la vie la poésie du martyre, que le missionnaire, lui, poursuit à outrance et dont il espère toujours se couronner un jour ou l'autre. Pour le prêtre et le religieux éducateur, il n'y a que le prosaïque martyre d'une abnégation éternelle et d'un éternel oubli. Est-ce vrai, mes bons Frères?...

S'il en est ainsi, comme cela est incontestable, une question se présente ici d'elle-même, ou, pour mieux dire, s'impose à nous. Comment M. Vincelot a-t-il pu tenir pendant sa vie de prêtre tout entière à des conditions d'existence dont personne au monde ne peut comprendre les agonies ? Il n'y a

[24] Christo confixus sum cruci. *Gal.*, II, 19.

jamais d'effet sans cause. Voilà un effet qui est un perpétuel prodige ; la cause, quelle est-elle ?

Me direz-vous, Messieurs, que c'est la conscience et le sentiment du devoir? M. Vincelot était en effet l'homme du devoir par excellence, du devoir avant tout, par dessus tout, exclusivement à tout. Le devoir était pour lui une autorité inflexible, un souverain absolu, une puissance avec laquelle on ne raisonne jamais. Quand l'heure sonnait et que le devoir l'appelait, il quittait tout, fût-ce le repos le plus légitime et le plus indispensable à sa santé toujours chancelante, fût-ce les relations les plus agréables, les sociétés les plus chères à son cœur, fût-ce même tout ce qu'il aimait le plus au monde, je veux dire, sa sainte et vénérée mère pour laquelle il professait un véritable culte. Quand elle était près de lui, à l'heure sonnante il lui baisait respectueusement la main et il partait. Et, si par impossible il ne l'eut pas fait, cette femme des anciens temps, à la hauteur de son fils et digne de lui, aurait disparu sur l'heure pour ne pas l'exposer à hésiter entre son devoir et sa mère.

C'est elle qui, sur son lit de mort, la dernière nuit qu'elle a passée dans ce monde, quelques instants avant de rendre son âme à Dieu, exprimait, dans la pleine possession d'elle-même, le regret profond qu'elle éprouvait de s'en aller la première. Elle aurait voulu, cette héroïque femme, s'asseoir au chevet de son fils mourant, l'entourer de ses soins et de ses tendresses, l'exhorter de sa parole et de son cœur de mère [25], l'abreuver et l'enivrer d'une atmosphère toute divine, pour être parfaitement sûre qu'il expirait de la précieuse mort des saints. Elle aurait voulu, ange gardien de la terre, cueillir elle-même son âme comme une belle fleur de la patrie pour la remettre aux mains de l'ange gardien du ciel. C'est alors que, près des restes de ce fils uniquement aimé, des profondeurs de son cœur maternel eut jailli une double mélodie d'amour : l'hymne de la reconnaissance à Dieu : *Te Deum laudamus*, et le cantique d'adieu à la vie : *Nunc dimittis servum tuum, Domine.*

Je suis heureux de saluer ici publiquement cette douce et noble figure, que j'ai tant de fois admirée en silence. Et il me semble que l'âme de notre excellent ami doit tressaillir au sein de la divinité du ciel, en entendant exalter celle qui, selon le langage des saints, fut pour lui comme la divinité de la terre.

Mais, Messieurs, ne nous y trompons pas, la conscience du devoir ne suffit pas à elle seule pour expliquer une vie comme celle de M. Vincelot. Sans aucun doute, la conscience éclairée des lumières de la foi révèle le devoir; elle fait plus encore : elle insiste sur la nécessité d'accomplir le devoir, elle exige impérieusement la fidélité au devoir ; mais elle ne fait pas aimer le devoir. Et cela est si vrai que souvent, bien loin de le faire aimer, elle pro-

[25] Hortabatur voce patria fortiter, repleta sapientia, et femineæ cogitationi masculinum animum inserens. II *Mach.*, VII, 21.

jette sur ses difficultés, sur ses responsabilités, sur ses conséquences formidables pour celui qui en est chargé des reflets tellement effrayants, que, après avoir mis la main à la charrue, il regarde derrière lui, recule et change de voie.

Il faut donc, pour comprendre une si étonnante persévérance dans une carrière de sacrifice, d'immolation et de mort sans trève ni halte, il faut autre chose que la conscience du devoir. Il faut un dévouement sans bornes au devoir, c'est-à-dire, une affection profonde pour le devoir, un immense amour et une dévorante passion du devoir. Or, cet amour passionné du devoir de l'éducation, l'abbé Vincelot l'a possédé au suprême degré. Cette sublime passion, il l'a reçue de Notre-Seigneur avec sa destinée spéciale. Elle était inhérente à sa mission d'ami fidèle, ou, pour mieux dire, elle ne faisait avec elle qu'une seule et même chose. C'est parce qu'il devait être l'ami fidèle de la pension Saint-Julien qu'il a eu la passion du grand devoir de l'éducation, et c'est parce qu'il a eu cette noble passion qu'il a été ce fidèle ami. Voilà, si je ne me trompe, la clef de sa vie.

V

Est-ce tout, Messieurs, et sommes-nous au fond de ce cœur de prêtre? Pas encore. Il nous reste un rayon de lumière à faire tomber sur lui, et alors nous verrons dans toute sa beauté simple et vraie cette physionomie sacerdotale.

La mission de M. l'abbé Vincelot, dans son principe, dans sa mise en œuvre et dans sa fin dernière, était essentiellement surnaturelle. Si Notre-Seigneur l'avait enchaîné pendant toute sa vie à la pension Saint-Julien, ce n'était pas seulement pour aimer, comme eut pu le faire tout autre, d'une affection naturelle et humaine ce qu'il y avait de naturellement aimable en ses enfants. C'est pour lui-même que Jésus-Christ opère toutes choses [26], et c'est lui-même qui veut être aimé de ses prêtres dans les âmes qu'il leur confie. « Le fondement de l'amitié, « dit saint Augustin, c'est l'amour de Jésus-« Christ [27]. » « Celui-là aime véritablement son « ami, qui aime en lui Jésus-Christ, ou parce « que déjà Jésus-Christ habite en lui spiri-« tuellement, ou pour travailler à le faire des-« cendre, habiter et vivre en lui par la grâce [28]. » « Et c'est pourquoi, enseigne saint Chrysostôme, « l'affection de celui qui aime Jésus-Christ en ses « amis ne dépend nullement de leur conduite ; en « sorte que s'il ne trouve en eux que des indiffé-

26 Universa propter semetipsum operatus est Dominus. *Proverbes*, XVI, 4.

27 Fundamentum amicitiæ, Dei amor est, ad quem omnia quæ suggerit affectus referenda. *De Amicitia*, cap. XI, *inter opera S. Augustini.*

28 Ille veraciter amat amicum, qui Deum amat in amico, aut quia est in illo, aut ut sit in illo. Hæc est vera dilectio. S. Augustin, *Sermo* CCLVI *de Tempore*, cap. II.

« rents, des ingrats ou même des ennemis, il con-
« tinue à les aimer toujours, parce qu'il a toujours « la même raison de les aimer, je veux dire, l'amour « de Jésus-Christ. C'est pour cela que son amitié « est constante, invariable et infrangible [29]. »

C'est ainsi, nous le savons tous, que l'abbé Vincelot a toujours aimé ses enfants. C'est Notre-Seigneur Jésus-Christ qu'il aimait en eux. Chez lui, par conséquent, la conscience et le sentiment du devoir n'était autre chose que la lumière et l'impression de la présence de Jésus-Christ dans leurs âmes. L'amour du devoir était l'amour de Jésus-Christ présent en eux par son image, son sang et sa grâce. La passion du devoir était cet amour sacré, élevé dans son cœur de prêtre jusqu'à la hauteur d'une surnaturelle et divine passion. C'est ainsi que les saints savent aimer les âmes.

C'est l'amour de Jésus-Christ qui, dans la sainte Eglise, notre mère, ne cesse d'engendrer, d'alimenter et de consommer tous les prodiges de courage, de générosité, d'immolation et d'héroïsme. C'est pour l'amour de Jésus-Christ que le Frère prêcheur s'en va, semeur de paroles, jeter le bon grain de l'Evangile dans le champ des populations et les sillons des âmes ; et que le Franciscain fait ses délices de la pauvreté la plus absolue et de la priva-

[29] Qui propter Christum amat, etiamsi odio habeatur, etiamsi contumelia afficiatur, etiamsi occidatur, in amore perseverat, idoneam habens amandi causam, amorem Christi. Quapropter ad illum respiciens, stat fixus, firmus, immobilis. S. Chrysostome, *Homil.* LX *in Matthæum*, 3.

tion des choses les plus nécessaires à la vie. C'est pour l'amour de Jésus-Christ que l'enfant de saint Benoît s'ensevelit tout vivant dans son cloître, absorbé toute sa vie par des études aussi abstraites et pénibles qu'elles sont obscures et sans gloire ; et que le disciple de saint Ignace s'élance, ouvrier infatigable, à la conquête des âmes à travers tous les travaux, toutes les œuvres et toutes les douleurs de la vie apostolique. C'est pour l'amour de Jésus-Christ que le Trappiste se condamne à des rigueurs de pénitence dont la seule pensée donne le vertige ; et que l'hospitalier de Saint-Jean-de-Dieu s'enchaîne au chevet des plus horribles maladies et des contagions les plus meurtrières.

« L'amour est une grande chose, a dit un immor- « tel docteur de la vie spirituelle dont nous ne « savons pas même le nom. Seul il rend léger ce « qui est lourd, doux et savoureux ce qui est amer. « Aucun fardeau ne lui pèse, et seul il porte sans « peine ce qui est accablant pour tous. L'amour de « Jésus-Christ est généreux, et il aspire toujours « au plus parfait. Rien ni au ciel ni sur la terre « n'est plus courageux et plus fort que l'amour. Il « ne sent point sa charge, les travaux ne le fatiguent « pas, il ne s'inquiète jamais de l'impossible ; il « croit pouvoir tout faire, et il est capable de tout. « Celui qui aime court, vole et tressaille d'allégresse. « C'est une flamme qui s'élance impétueuse, et qui « passe toujours [30]. »

[30] *Imitation de J.-C.*, lib. III, cap. v, *passim*.

Voilà tout le secret de la vie de M. Vincelot. C'est l'amour de Jésus-Christ qui a trempé son cœur assez divinement pour l'enchaîner toute sa vie aux travaux incessants, aux fatigues toujours nouvelles et aux mille sacrifices de la pension Saint-Julien. Combien souvent j'en ai eu la preuve pendant les quelques années que j'ai passées avec lui dans cette maison ! Que de fois il a laissé échapper en ma présence de ces demi-mots révélateurs, dont peut-être un étranger n'aurait pas saisi le sens profond et intime, mais qui, en me faisant pénétrer à son insu jusque dans les profondeurs de son âme, me disaient tout ce qu'il y avait de grand, d'élevé, de surnaturel, de saintement sacerdotal dans ses pensées, dans ses désirs, dans ses intentions et dans toutes ses œuvres ! L'amour de Jésus-Christ a été l'âme de son âme et la vie de sa vie. Amour calme, uniforme, sans expansion de paroles, sans soubresauts de sensibilité, sans rejaillissement du cœur, mais profond, généreux, puissant en œuvres, insensible aux variations de l'atmosphère intérieure comme aux secousses des événements et du dehors. Et cet amour l'avait associé à la pension Saint-Julien par des liens tellement indissolubles, que si, à certaines époques il s'était vu forcé par les circonstances et par sa mauvaise santé d'interrompre un instant son ministère dans cette maison, on eut dit alors un exilé qui, incapable de respirer et de vivre seul sur la terre étrangère, regardait toujours à l'horizon et, au premier vent propice, s'échappait bien vite pour revenir là où était pour lui la terre de la patrie, le foyer de la famille et l'élément vital.

C'est que l'amitié surnaturelle, comme l'a dit excellemment un illustre moine, ressemble au soleil [31]. Le soleil, chaque soir, en disparaissant derrière l'horizon, paraît s'éteindre et mourir ; et néanmoins, chaque matin, en se levant à nouveau il s'élance comme un géant pour courir sa carrière plus étincelant et plus radieux que la veille. Ainsi en était-il du cœur de l'abbé Vincelot. Lorsque, le soir, fatigué sous le poids d'un accablant travail, épuisé de force, de mouvement et presque de vie, il semblait succomber à la tâche, on eut pu croire que son cœur allait défaillir et s'arrêter en chemin; et lorsque, le matin, il s'était retrempé dans l'oraison, mêlé aux merveilles du saint autel, baigné dans le sang de l'Agneau comme immolé, l'ami fidèle renouvelé dans tout son être reparaissait plus dispos, plus alerte, plus dévoué, plus infatigable que jamais. C'est ainsi qu'il a imprimé à sa profonde affection pour Saint-Julien un cachet de stabilité, disons le mot de saint Augustin, un caractère d'éternité qui l'a rendue impérissable [32].

[31] Vera amicitia quotidiana renovatione cum sole semper oritur, nec moritur. Pierre de Celles, lib. IX, epist. IV.

[32] Stabilis esse debet amicitia, et quamdam æternitatis speciem præferre, semper perseverans in affectu. *De Amicitia*, cap. XII. *inter op. S. Aug.*

VI

Aussi, n'est-ce pas seulement pendant leurs années de collége que l'abbé Vincelot s'intéressait à ses jeunes gens; mais alors même que, leur éducation terminée, ils naviguaient sur l'océan du monde, à travers les mille périls du voyage il les suivait encore, pilote habile, de son souvenir et de son affection, de son expérience et de ses conseils, de sa parole et de sa plume, de son ministère et de ses bontés inépuisables.

Quand le malheur les visitait, ils se souvenaient vite du vieil ami de leurs jeunes années. Ils venaient lui exposer les difficultés, les embarras, les obstacles de tout genre qui se multipliaient sous leurs pas, l'impuissance où ils étaient de réussir dans leurs projets, peut-être aussi les fautes qui en étaient la cause première. Et comme *l'ami fidèle est une protection puissante et que celui qui le trouve a trouvé un trésor* [33], jamais ils n'ont fait en vain appel à sa sollicitude. Combien de jeunes gens n'a-t-il pas aidés à se poser dans le monde, et par les lumières de son expérience, et par la sagesse de ses conseils, et par l'influence de ses recommandations,

[33] Amicus fidelis protectio fortis; qui autem invenit illum invenit thesaurum. *Ecclésiastique*, VI, 14.

et même par des secours offerts avec une délicatesse qui en doublait le prix !

Quand ils avaient le malheur de perdre avant le temps les auteurs de leurs jours, en les voyant ainsi sans père ni mère, sans parents et sans amis, dénués de tout et abandonnés du monde entier, l'abbé Vincelot ne pouvait résister à l'impulsion de son cœur et il se faisait leur père adoptif. Le nombre des orphelins qu'il a élevés sans bruit et qui lui doivent tout, Dieu seul le sait. Il travaillait pour eux. Il faisait valoir à leur bénéfice sa science aussi profonde que gracieuse, qui l'avait mis en relation avec les naturalistes les plus éminents du monde entier. C'est pour eux qu'il publiait ses charmants ouvrages. Qui de nous ne l'a pas vu venir frapper à sa porte, et, en nous offrant d'une main *Les Noms des oiseaux*, nous tendre l'autre pour implorer le pain de ses orphelins ? Il était impossible de se refuser à cette éloquence du cœur ; et en lisant ces pages si attachantes, on trouvait un double bénéfice à être associé aux études qui lui ont été si chères aussi bien qu'aux bonnes œuvres qui lui ont été si précieuses.

Quand ils venaient le voir chez lui, quand il allait les visiter chez eux, quand il les rencontrait sur son chemin par un de ces hasards qui sont l'incognito de Notre-Seigneur et la part immense qu'il se réserve dans les choses humaines, il était encore pour eux l'ami fidèle. Son regard toujours sacerdotal allait au plus pressé, et plongeait tout d'abord jusque dans les profondeurs de leur âme. Souvent il leur disait, sans grands ménagements et avec une franchise qui ne pouvait appartenir qu'à lui, de rudes vérités [34]. Et cependant, loin de s'en formaliser, ces jeunes gens connaissaient si bien son cœur, son affection, sa tendresse et son dévouement pour eux, qu'ils abondaient dans son sens et finissaient toujours par répondre : « C'est vrai ! » Il réveillait ainsi la foi endormie dans ces âmes qu'emportaient les courants de la vie. Il préparait de la sorte, et que de fois n'a-t-il pas conduit à parfaite consommation leur retour à Dieu !

Mais c'est surtout lorsque Dieu frappait à la porte de ses anciens élèves par la maladie et les symptômes de la mort, que M. Vincelot redoublait d'affection et que ses industries devenaient merveilleuses [35]. Il visitait le malade chaque jour, et souvent plusieurs fois par jour. Il se réintégrait dans son cœur par ses bonnes et douces paroles. Il arrivait sans grande peine à descendre dans son âme, à mettre sa conscience en ordre et à la purifier par de fréquentes absolutions. Il lui faisait recevoir en pieuses dispositions les derniers sacrements. Et comme *l'ami fidèle est un remède de vie*, non pas seulement de cette vie d'un jour qui n'est que le songe d'une ombre, mais *un remède de vie et d'im-*

[34] Amico quod honestum est suadeas aperte, libere et secure ; et si utilitas ejus exegerit, eumdem ne timeas objurgare. Pierre de Blois, *De Amicitia*, cap. XXII.

[35] Pulsat Dominus, cum jam per ægritudinis molestias esse mortem vicinam designat. S. Grégoire le Grand, *Homil.* XIII *in Evang.*, 3.

mortalité[36], il l'exhortait, il le consolait, il l'encourageait, il le fortifiait, il l'élevait au-dessus de lui-même en lui montrant le ciel. Il était pour lui l'ange de l'agonie [37]; et quand approchait le moment suprême, il s'enchaînait à son chevet et ne le quittait plus jusqu'à ce qu'il eut exhalé entre ses bras son dernier soupir.

Avec quelle religieuse fidélité il rendait à ses anciens élèves les derniers devoirs, un jeune homme élevé par lui en a témoigné au jour de son enterrement à lui-même. Au moment où finissait l'absoute, son voisin, comme lui ancien élève de la pension, lui demanda s'il avait l'intention d'aller jusqu'au cimetière. — « Oui certainement, répondit-il avec vivacité. Jamais un élève de la pension Saint-Julien n'est mort à Angers sans que M. Vincelot l'ait conduit jusqu'à sa dernière demeure; si je ne pouvais pas aller au cimetière pour lui, je m'y ferais porter. »

VII

Ses relations multipliées d'année en année et devenues immenses, avaient élargi sans mesure la sphère de sa vie. Il avait été d'abord l'ami de ses

[36] Amicus fidelis medicamentum vitæ et immortalitatis. *Ecclésiastique*, VI, 16.
[37] Apparuit illi Angelus de cœlo, confortans eum. *Luc*, XXII, 43.

enfants ; puis, leur temps de collége expiré, il était resté l'ami de ses anciens élèves ; puis, par ses enfants et ses anciens élèves il était devenu l'ami de leurs nombreuses familles ; puis, par ces familles dont le nombre augmentait sans cesse il s'était fait l'ami de leurs innombrables amis ; puis, par ceux-ci il était arrivé à être l'ami de tous ceux qui n'en avaient aucun dans ce monde. Je ne puis entrer dans ces détails infinis ; il faudrait des volumes entiers pour faire la simple énumération des services de tout genre qu'il n'a cessé de rendre à toutes les classes de la société pendant le cours de sa vie.

Enfants sans famille, jeunes gens sans position, soldats libérés du service et ne sachant que devenir, professeurs sans fonctions, employés de commerce éconduits de partout, commis de bureau sans occupation et sans ressources, ouvriers sans travail et n'ayant plus aucun moyen d'existence, aspirants aux grades universitaires épouvantés d'un examen d'où dépendait leur avenir, familles désunies et sentant le besoin de renouer entre elles les liens de la concorde et de la paix, cœurs brisés par des chagrins domestiques et saturés des mille douleurs de la vie : tous venaient frapper à sa porte, pleurer avec lui et se recommander à ses inépuisables bontés. Toutes les misères humaines semblaient se donner rendez-vous autour de lui, comme naguère autour du divin Maître.

Souvent encore c'est à lui que s'adressaient les

prêtres qui, dans l'exercice de leur ministère extérieur, se heurtaient contre d'insurmontables obstacles; les communautés religieuses impuissantes à terminer selon leur gré des affaires contentieuses et difficiles; les administrations avec lesquelles il entretenait des relations aussi continuelles qu'honorables et utiles à tous ses amis. Combien souvent n'avons-nous pas recommandé nous-mêmes à sa puissante influence des souffrances de tout genre auxquelles nous nous intéressions profondément! Toutes les fois, au reste, que quelqu'un se trouvait engagé dans un labyrinthe sans issue, après avoir épuisé tous ses moyens d'action, il songeait à M. Vincelot; il allait lui demander conseil, et souvent même lui remettre entre les mains la solution de ses inextricables affaires.

Et, chose admirable, au milieu des innombrables occupations dont il était accablé on trouvait toujours chez lui la même sérénité de cœur, le même sourire aux lèvres, la même obligeance dans ses bons offices [38]. Et comme le cœur de l'ami aime mieux faire un plaisir que le recevoir, par cela même qu'il est l'ami; comme en donnant toujours il ne peut satisfaire ses désirs insatiables de donner encore [39], il semble vraiment qu'en demandant un service à l'abbé Vincelot on lui en rendait un plus

[38] Nihil amicitiæ magis congruit, quam quædam pax et quieta tranquillitas cordis. Pierre de Blois, *De Amicitia*, cap. XIII.

[39] Qui diligit vult magis gratificari quam gratiam accipere. Diligit enim, et quasi non exsatiato suo desiderio sic afficitur. S. Chrysostome, *Homil.* II *in Epist.* I *ad Thessal.*, 4.

grand à lui-même, et qu'il était lui-même l'obligé de tous ceux qui accouraient sans cesse lui tendre la main.

Le succès venait presque toujours couronner leur prière. M. Vincelot était si avantageusement connu dans toutes les administrations, dans tous les grands centres d'industrie, dans toutes les maisons de commerce, dans toutes les familles; on l'entourait partout d'une estime si profonde et d'une si vive sympathie; on se faisait un si grand bonheur de lui être agréable, que sa recommandation était toujours prise en très-grande considération. Elle provoquait infailliblement en faveur de ses protégés l'estime, l'intérêt, l'action, les efforts; et souvent elle leur procurait une position qui, en dépassant toutes leurs espérances, assuraient l'honneur et le bonheur de leur vie tout entière.

VIII

Si imparfait que soit ce portrait, il est temps que je m'arrête. Je n'ai plus qu'un mot à dire, un mot de la plus haute importance, et je tiens à le dire pour vous montrer, Messieurs, cette douce et chère mémoire dans toute son harmonieuse lumière.

L'abbé Vincelot, à travers le courant d'affaires qui emportait sa vie, était prêtre avant tout. Son intelligence toujours élevée, sa pensée toujours sacerdotale, son regard intérieur toujours surnaturel visait par-dessus tout les âmes. Les affaires à traiter et les services à rendre n'étaient entre ses mains que des moyens pour les atteindre et les saisir. Ses connaissances en histoire naturelle, sa correspondance avec les savants, ses visites actives et passives, les services que l'on réclamait de lui, les pas et démarches qu'il lui fallait faire sans cesse, les mille détails, en un mot, de cette existence tout entière dépensée au bénéfice des autres, avaient pour but suprême d'éclairer, de toucher, de convertir, de sanctifier, de sauver les âmes de tous, de ceux qui lui demandaient aussi bien que de ceux qu'il implorait lui-même pour eux. Combien d'hommes éminents par leur intelligence et leur savoir, par la hauteur de leur position et de leur autorité, qu'il avait connus en leur demandant des services de tout genre, à qui plus tard il a fait le catéchisme plusieurs fois par semaine pendant des années entières, et qui, captivés sans le savoir par l'estime et l'affection qu'il avait su leur inspirer, l'écoutaient et lui répondaient avec la simplicité de l'enfance ! En sorte que si quelqu'un avait pu entrevoir cette scène d'intérieur dont Dieu seul était témoin, il n'aurait su lequel admirer le plus du maître ou de l'élève.

Prodigieuse puissance, en vérité, de l'oubli de soi-même et du dévouement aux autres ! L'Orient l'a dit dans sa langue de couleurs et d'images :

« Pour faire incliner la tête, il faut le sabre; pour faire incliner le cœur, il faut le cœur. » En inclinant ainsi leur cœur devant celui de l'ami qu'ils avaient eu le bonheur de rencontrer sur le chemin de la vie, ces hommes tressaient à leur insu leurs couronnes de prédestinés. La rosée du ciel tombait goutte à goutte sur ces champs depuis si longtemps en friche; la lumière d'en haut pénétrait par degrés dans la nuit de ces âmes. Alors l'heure de la grâce sonnait, et ils revenaient sincèrement à Dieu, et leur fidèle ami devenu leur père spirituel les engendrait à la vie divine, et la fin de toutes choses arrivait pour eux, et ils mouraient entre ses bras en parfaits chrétiens. Et maintenant, ils comprennent dans la lumière de Dieu et parmi les splendeurs des saints que *rien n'est comparable à l'ami fidèle, et que celui qui l'a trouvé a trouvé un trésor*.

Nous pouvons donc résumer dans un mot tout ce discours et la vie entière de M. l'abbé Vincelot. Sa mission a été d'être l'ami fidèle de la pension Saint-Julien. Cette mission, si petite et si étroite en apparence, il l'a acceptée et embrassée avec amour, il s'y est dévoué corps et âme, et son grand cœur en a élargi les horizons de telle sorte que sa vie, pour appeler les choses par leur véritable nom, a été l'apostolat du cœur et de l'amitié; apostolat exercé, non par l'éclat de la littérature et de la parole, mais par cette force vive composée d'un double élément auquel on ne résiste pas : la haute raison jointe à une affection sans bornes; apostolat invariablement livré à l'Esprit de Dieu pour accomplir avec lui, en lui et par lui la grande œuvre qui lui était confiée [40]; apostolat dont la mystérieuse fécondité est le secret de Dieu et du livre de vie.

IX

N'avons-nous pas eu comme une révélation spontanée de cette existence exceptionnelle et unique, au jour où sa dépouille mortelle est entrée pour la dernière fois à la cathédrale ? Cette foule innombrable réunie autour de son catafalque n'était-elle pas une manifestation admirable et presque sans exemple ? Dans cet immense concours, ni les lois de la bienséance, ni les nécessités de position, ni les formalités sociales, ni aucune considération humaine n'entraient pour rien; c'était la spontanéité du cœur. Là, le sanctuaire et l'armée, la magistrature et les différentes administrations, l'industrie, le travail et le commerce, l'opulence et la pauvreté, tous les rangs de la société étaient confondus autour de ses restes vénérés. Ce n'était pas seulement le prêtre, le savant, l'homme honorable à tous égards à qui l'on venait apporter un dernier souvenir ; tous les esprits étaient absorbés par une même pensée,

[40] Erant traditi gratiæ Dei in opus quod compleverunt. *Actes des Ap.*, XIV, 25.

tous les cœurs battaient à l'unisson. Chacun se demandait s'il y avait parmi cette multitude infinie un seul des assistants qui ne fût pas à un titre ou à un autre son obligé et qu'il n'eût pas comblé de ses services. Tous avaient perdu en sa personne un excellent ami ; et si l'on eût pu saisir ce qui se passait au plus intime de ces âmes, on n'eût entendu qu'un immense concert de douleur. Une femme du peuple disait à une autre, au passage du convoi dans la rue : « Ce bon prêtre ne me connaissait nullement ; et pourtant, si je lui avais demandé un service, il était si obligeant qu'il me l'eût rendu sur l'heure. » C'est, dans un seul mot, son éloge funèbre : *Pertransiit benefaciendo*, il a passé en faisant le bien.

Son éloge funèbre, ce n'est pas moi qui le prononce ; il a été prononcé au jour à la fois si douloureux et si consolant de ses obsèques. C'est cette foule accourue de tous les points du pays et rassemblée sans nombre autour de son cercueil. C'est cette harmonie universelle et unanime de respect, de vénération, d'estime, de reconnaissance, d'affection, de piété filiale, de chagrins et de regrets. Son éloge funèbre, c'est vous qui l'avez prononcé, Messieurs, par votre désolation, vos gémissements et vos pleurs au chevet de son lit d'agonie, au pied du saint autel, autour de sa tombe trop tôt ouverte. Et comme les larmes ont un rapport intime et nécessaire avec le cœur, comme elles sont, selon l'expression de saint Augustin, le sang du cœur, son éloge funèbre a jailli de vos cœurs en torrent de larmes. Que sont mes pauvres paroles auprès de cette saisissante éloquence des pleurs ; j'ai presque dit, avec le grand docteur, auprès de cette irrésistible éloquence du sang ? *Quidam sanguis animi per lacrymas profluit.*

Cet ami si fidèle et si dévoué, vous l'avez perdu, mes chers enfants ! Vous ne le verrez plus, vous ne l'entendrez plus, vous ne lui demanderez plus ses conseils, vous ne lui emprunterez plus ses lumières ; vous n'épancherez plus vos âmes dans son âme, vos cœurs dans son cœur. Vous l'avez perdu pour toujours, sans pouvoir comprendre tout ce que vous perdiez en lui. Et cependant j'ose dire qu'il ne cessera pas de vivre au milieu de vous [41].

L'apôtre saint Paul, séparé du patriarche Abel par quarante siècles, a écrit que la mémoire de son innocence, de sa religion, de sa générosité était immortelle parmi le peuple de Dieu, et qu'Abel, tombé sous les coups d'un exécrable assassin, parlait encore et parlait toujours : *Defunctus adhuc loquitur* [42]. Il en sera de même de notre excellent ami. Dieu l'a rappelé dans son sein, parce que pour son serviteur l'heure du repos était sonnée. Mais sa mémoire se rattachera, pour ne s'en séparer jamais, aux origines de la pension Saint-Julien ; et parmi vous son souvenir, le souvenir de ses enseigne-

[41] Amici et absentes adsunt sibi, et, quod difficilius est dictu, mortui vivunt. *De Amicitia,* cap. v, *inter opera S. Aug.*

[42] *Epître aux Hébreux,* XI, 4.

ments, de ses tendres sollicitudes, de son dévouement sans bornes restera impérissable; il parle encore et il parlera toujours : *Defunctus adhuc loquitur.*

En le conduisant à sa dernière demeure, l'un de vous portait, en votre nom à tous, une magnifique couronne de blanches roses que vous avez pieusement déposée sur sa tombe. Mais ce ne sont là que des fleurs éphémères, qui déjà sont fanées, flétries, effeuillées et tombées en ruine. C'est une couronne d'immortelles qu'il faut lui tresser maintenant. Saint Paul écrivant aux Philippiens leur disait : *Gaudium meum et corona mea, sic state in Domino, carissimi :* Vous serez ma joie et ma couronne, ô mes bien-aimés, à la condition de demeurer tels que je vous ai formés dans le Seigneur [43]. N'est-ce pas votre ami qui vous parle, et ne serait-ce pas là pour vous comme un appel d'outre-tombe? Mettez-vous donc à l'œuvre, chers enfants, et devenez sa couronne. Demeurez tels qu'il vous a formés dans le Seigneur, en travaillant à vous perfectionner sans cesse comme il l'eut fait lui-même : *Sic state in Domino.* Entretenez toujours étincelant dans vos intelligences le flambeau de la foi, qu'il a lui-même allumé et nourri en vous avec tant d'amour. Conservez toujours immaculé dans vos cœurs le trésor de votre innocence, qu'il entourait à toute heure de sollicitudes si inquiètes et si jalouses. Au collége, soyez

[43] *Epître aux Philippiens*, IV, 1.

toujours fidèles aux exercices de la piété chrétienne qni sont l'armure du salut, et toujours appliqués aux nobles labeurs de l'étude qui font l'honneur et la valeur d'un jeune homme. Dans le monde, en poursuivant votre carrière, combattez toujours les bons combats du Seigneur sous la glorieuse bannière de la sainte Église catholique, apostolique et romaine, notre Mère à tous. C'est ainsi que vos âmes iront se rattacher, perles immortelles, à son diadème d'élu; et ainsi que ses bien-aimés enfants deviendront pour lui une joie toujours nouvelle et une couronne qui ne s'effeuillera jamais : *Gaudium meum et corona mea, carissimi.*

Et vous, mes bons Frères, vous qu'il dirigeait avec tant d'affection et de sagesse dans votre vocation laborieuse et pénible, il vous a quittés; mais en vous quittant il vous a laissé, avec les exemples de sa vie, son esprit et son cœur.

Je dis bien, son cœur. Le dernier jour de sa vie, un de nos honorables confrères, que nous nous réjouissons tous de voir appelé à un poste éminent parce qu'il en est éminemment digne, est allé porter un suprême souvenir d'affection à l'ami de ses jeunes années passées à la pension Saint-Julien, où il a fait, — et j'en parle en parfaite connaissance de cause, — la plus douce et la plus chère consolation de ses maîtres*. Après l'avoir félicité de sa nouvelle position, le vénérable malade lui adressa cette pa-

* M. l'abbé Bazin, aumônier du Lycée, archiprêtre nommé de la Cathédrale.

role : « Souvenez-vous toujours de Saint-Julien, et toujours aimez Saint-Julien ! » Ce fut son dernier mot, et comme le testament de son cœur. Le premier battement de son cœur de prêtre avait été un battement d'amour pour Saint-Julien; la dernière parole de ses lèvres défaillantes et la dernière palpitation de son cœur mourant a été une parole et une palpitation d'amour pour Saint-Julien.

Ce mot ne convient à personne mieux qu'à vous, mes Frères, et c'est à vous que doit appartenir cet héritage de son cœur. Pendant sa vie, Saint-Julien a été son champ de travail, d'abnégation, de souffrance et de sacrifice; et maintenant il est son plus cher souvenir, sa fortune la plus belle, le plus riche fleuron de sa couronne de gloire. Aimez donc Saint-Julien! Et puisque c'est sur ce terrain béni que vous êtes appelés par la sainte obéissance à travailler, à combattre, à souffrir et peut-être à mourir, aimez Saint-Julien, et souvenez-vous que les souffrances présentes ne sont pas comparables au bonheur futur qu'elles nous préparent [44]. C'est un moment de légère tribulation qui sème pour nous dans l'avenir un poids éternel et immense de gloire [45].

Ainsi soit-il.

[44] Existimo quod non sunt condignæ passiones hujus temporis ad futuram gloriam quæ revelabitur in nobis. *Rom.*, VIII, 18.

[45] Id enim quod in præsenti est momentaneum et leve tribulationis nostræ, supra modum in sublimitate æternum gloriæ pondus operatur in nobis. II *Cor.*, IV, 17.

APPENDICE

On réunit ici quelques extraits des témoignages publics qui ont été rendus par les journaux d'Angers à la vie et au caractère de M. l'abbé Vincelot.

L'Étoile d'Angers.

« La ville et le diocèse d'Angers font une grande perte dans la personne de ce prêtre si savant et si aimable, qui avait dévoué sa vie à l'enfance et à la jeunesse. Professeur, directeur, aumônier, M. l'abbé Vincelot a donné aux jeunes générations pendant près de quarante ans les soins les plus intelligents et les plus assidus.

« Né le 13 février 1815, il avait fait ses études au collége de Saumur. Il y avait apporté cette ardeur qu'il a conservée jusqu'à la fin, et il était ainsi arrivé au terme de ses études avant l'heure, c'est-à-dire que, se sentant appelé vers l'état ecclésiastique, il se trouvait trop jeune pour commencer sa théologie. Il doubla sa philosophie pour donner un emploi à cette année dont il ne savait que faire. En 1839, il apporta son concours à M. Lambert dans l'institution Saint-Julien, dont il devint directeur. Obligé par les lois de ce temps-là d'envoyer ses élèves recevoir au collége les leçons des professeurs de l'Université, il s'attachait à les mettre, par une éducation forte et sérieuse, en état de résister au poison du rationalisme que récèle toujours, à une dose plus ou moins forte, l'enseignement universitaire. Il suivait attentivement, comme un père eut pu le faire, l'enseignement qu'il devait laisser donner par d'autres. Empêché de distribuer la science, il savait inspirer le zèle et le diriger; il savait surtout former les cœurs à la piété chrétienne. Il ne s'épargnait guère : aussi ses forces finirent-elles par trahir son courage, et il dut se retirer en 1860. Il était l'âme de Saint-Julien, et Saint-Julien ne put lui survivre.

« Un Saint-Julien nouveau vint bientôt, en 1863 ou 1864, prendre la place de l'ancien. Il ne le remplaçait point, puisqu'il ne préparait plus, comme le premier, ses élèves aux carrières libérales, mais au commerce et à l'industrie. C'était, c'est toujours une maison excellente, mais différente de la première sans lui être inférieure. Deux ou trois années de repos avaient réparé les forces de M. l'abbé Vincelot, et il sentait un besoin plus impérieux que jamais de se dévouer à la jeunesse. Il n'était point jaloux cependant en voyant aux mains des Frères de la Doctrine chrétienne de Nancy la maison dont il avait été le directeur. Il devint l'aumônier du nouveau Saint-Julien. Sous ce nom plus modeste, il fut encore ce qu'il avait été pendant vingt ans, l'apôtre et le père des enfants, aimant bien vite ceux que lui amenait chaque année scolaire, aimant toujours ceux qu'il avait élevés, qui étaient devenus des hommes, qui étaient entrés dans des carrières bien diverses, où son affection et sa sollicitude ne les abandonnaient jamais. A cette heure, sa mort fait couler les larmes d'une foule d'hommes de tout âge. Ceux qui comptent un demi-siècle, ceux qui n'ont que vingt-cinq ans vont suivre lundi les enfants de huit ou dix ans qui suivront eux-mêmes le cercueil de l'homme de Dieu. Voilà son éloge, qui vaut bien mieux que tous les miens.

« Et pourtant, j'aurais voulu dire comme il était aimable et bon pour ceux qui n'avaient été ni ses élèves ni ses condisciples et ne l'avaient connu qu'assez tard. On pouvait n'être pas d'accord avec lui sur toutes choses, on pouvait ne pas céder à ses arguments, mais on ne pouvait pas résister à sa bienveillance et à sa cordialité.

« J'ai pu, il y a quatre ou cinq ans, essayer ici même de rendre justice à l'œuvre principale sortie de sa plume, à son livre sur les oiseaux. Le plus beau livre du monde est bien peu de chose devant la mort. Je veux cependant dire aujourd'hui ce que je n'ai pas dit autrefois, ce qui ne devait pas être dit quand vivait l'abbé Vincelot. Le produit de ce charmant livre sur les oiseaux était consacré à l'entretien de pauvres orphelins. Devant la mort, aucun éloge ne m'est aussi doux à faire que celui-là. Le livre est, par sa destination comme par l'esprit dont il est plein, un livre de charité.

« Alex. de Saint-Albin. »

Le Journal de Maine-et-Loire.

« Depuis environ quarante ans que M. Vincelot était attaché au pensionnat Saint-Julien comme directeur ou aumônier, il avait vu passer bien des jeunes gens qui, plus tard, dans le monde et dans des situations bien différentes, sont restés ses fidèles amis. C'est à ce titre que je viens rendre un faible témoignage à M. Vincelot, car je laisse à de plus autorisés et à de plus diserts que moi de parler des vertus et des qualités nombreuses qui distinguaient notre bon et vénéré maître.

« Certes, ce n'est pas sans un profond regret que l'on voit disparaître de tels hommes, dont la vie trop courte et cependant si bien remplie, a été une suite non interrompue de services rendus à tout le monde, et qui sont un modèle de dévouement incessant et sans mesure.

« M. Vincelot avait pour ses anciens élèves un attachement qui ne se démentait jamais, et, dans toutes les circonstances, il essayait de leur être utile par ses bons offices et par des conseils qu'il savait prodiguer avec un tact et une telle aménité qu'ils étaient toujours accueillis avec reconnaissance et suivis avec succès.

« On se tromperait étrangement si l'on croyait que la bonté, chez M. Vincelot, excluait l'énergie. Une injustice le révoltait et l'on n'a pas oublié encore la fermeté dont il fit preuve en défendant un jour le pensionnat Saint-Julien auquel le Conseil municipal d'Angers retirait en 1872 une modique subvention de 200 fr., que lui avait accordée, pour dix élèves, l'administration sous le mairat de M. Montrieux. Un peu plus tard, le bon prêtre donnait la mesure de l'indépendance et de la fermeté de son caractère en prenant en main la cause des sœurs de Saint-Charles auxquelles on faisait un reproche, qu'il démontra sans peine aussi injuste qu'immérité, au sujet de la gérance du dispensaire de bienfaisance.

« Maintenant, M. Vincelot n'est plus, mais son souvenir restera longtemps à Angers, car si de tels hommes disparaissent, leurs œuvres et leurs bienfaits tracent leurs noms en lettres ineffaçables pour les faire revivre et les donner en exemple à ceux qui leur survivent.

« Bernard Sommier. »

Quelques jours après, un autre article paraissait dans le même journal :

« Seuls, jusqu'ici, ses anciens élèves ont payé au maître qu'ils pleurent encore la dette de la reconnaissance. Qu'on veuille bien permettre à un ami désintéressé d'ajouter aussi quelques lignes pour honorer la mémoire du digne et excellent abbé Vincelot.

« La nombreuse assistance, qui se pressait à Saint-Maurice lundi dernier, disait éloquemment quelle sympathie, quels regrets, quelle affection entouraient l'homme de bien qui venait de mourir.

« Les amis, les anciens élèves ne formaient pas seuls le cortége qui allait conduire à sa dernière demeure l'homme aimé de tous ceux qui avaient pu l'approcher et le connaître ; que de personnes dans cette foule émue, recueillie et attristée, avaient, au jour de chagrins et de douleurs, consulté l'homme sage et de bon conseil, dont le cœur était toujours accessible et les avis toujours prêts !

« Que de larmes séchées par celui dont la dépouille mortelle était là, dépouille désormais impuissante et à laquelle on allait rendre, hélas ! le dernier hommage et dire un suprême adieu ! — Nul plus que M. Vincelot ne mettait d'ardeur à rendre service, nul ne savait mieux que lui toucher le cœur.

« L'amour du bien ne le quittait jamais, et nous pouvons dire qu'à son lit de mort, ses dernières pensées étaient pour ceux qu'il aimait et auxquels il s'intéressait...

« Sa nature enjouée, légèrement moqueuse quelquefois, l'autorisait à tout dire sous forme plaisante; mais que de sagesse derrière son sourire, que de bon sens et de finesse dans ses conseils !

« M. Vincelot laisse un grand vide dans la société angevine : le souvenir de ses qualités et de ses vertus vivra longtemps au milieu de tous.

« ERNEST ORIOLLE. »

L'Union de l'Ouest.

« Nous voulons, en quelques lignes bien simples, retracer ici la vie admirable du prêtre excellent, du grand éducateur, comme on l'a déjà nommé, de l'homme dévoué, que vient de perdre le diocèse d'Angers. C'est pour nous une satisfaction du cœur de parler de lui, comme on parle d'un ami absent.

« Michel-Honoré Vincelot est né à Saumur, le 13 février 1815. Il était encore jeune, cinq ans à peine, lorsque mourut son père, boulanger, établi au quartier de la Basse-Ile. Sa mère, qui ne put jamais se consoler de ce coup subit, reporta sur son fils et redoubla pour lui toutes ses tendresses. Dès lors, entre la mère et le fils, se forma cette union intime et tendre, que la mort seule a pu dénouer sur cette terre, et qui nous charmait par le spectacle d'une confiance mutuelle répondant au dévouement le plus pieux. Le fils reçut de sa mère et garda jusqu'à la fin une exquise et délicate sensibilité d'âme, qui s'alliait si bien, chez elle et chez lui, à la rectitude du jugement et à la vivacité de l'esprit. Pour qui les a connus tous deux, ils restent inséparables dans le souvenir, et l'on ne pouvait essayer de parler du fils sans rappeler quelle a été sa mère.

« Pendant qu'à la maison, il recevait cette belle éducation du cœur, Michel Vincelot suivait comme externe les cours du collége de Saumur. Il y fut remarqué de ses maîtres, et surtout il y fut aimé de ses camarades, qui ont gardé de lui, de sa bonne humeur, de sa piété franche, le plus aimable souvenir. A la fin de ses études, il était bachelier, chose plus rare alors qu'aujourd'hui. Sa mère, qui avait peut-être ses préférences dans le secret de son cœur, ne le pressait point de choisir une carrière ; le jeune Vincelot vint à Angers, où il fit une seconde année de philosophie, à la maison de la Barre, aujourd'hui maison des Augustines, dans laquelle on avait installé provisoirement les hautes classes du collége Mongazon, tandis que s'élevaient, sous l'impulsion de M. l'abbé Lambert, les bâtiments du collége actuel. Pendant cette année d'études sérieuses, l'esprit de M. Vincelot dut acquérir cette netteté de logique et cette vigueur de dialectique qui, plus tard, ne lui furent pas inutiles dans la discussion.

L'année écoulée, il prit quelques mois encore pour s'assurer du penchant qui le portait vers l'état ecclésiastique. Son âme honnête, profondément pénétrée de l'enseignement chrétien, ne voulait point s'engager à la légère.

« Au séminaire, comme au collége, il fut pour ses condisciples un ami sage et un modèle. Nous tenons de deux d'entre eux, qui partageaient sa chambre, que déjà il était réputé pour son empressement charitable. Catéchiste à la paroisse de la Trinité, il savait deviner, parmi les enfants qu'il instruisait, les misères secrètes à soulager et souvent tout son argent de poche y passait.

« Ordonné prêtre, le 16 octobre 1838, l'abbé Vincelot commença immédiatement ce magnifique apostolat de la jeunesse, qui devait remplir toute sa vie et en faire un de ces hommes qui mérite la reconnaissance publique. M. l'abbé Lambert venait de prendre la direction de la Psallette, alors située rue Saint-Évroult ; connaissant, par le bien qu'il en avait entendu dire, le savoir et les goûts du jeune abbé, il demanda et obtint de se l'adjoindre dans l'œuvre naissante qu'il voulait agrandir. L'abbé Vincelot, pourvu du diplôme de bachelier, fut le directeur titulaire ; M. l'abbé Lambert eut l'administration. Malgré des commencements difficiles, pendant lesquels M. Vincelot et avec lui d'autres jeunes prêtres, que nous pourrions nommer, firent preuve d'un dévouement incessant, la maison prit de tels accroissements, qu'il fallut chercher un terrain plus large aux espérances de l'avenir.

« En 1840, la Psallette fut transférée rue Saint-Julien. On y faisait les classes de latin jusqu'à la cinquième, et à partir de la quatrième, les élèves suivaient comme externes les cours du lycée, où ils étaient inscrits sous le nom de *Pension de M. l'abbé Vincelot*. A cette époque, la loi gardait rigoureusement le monopole réservé à l'Université d'État. Mille entraves étaient apportées à l'enseignement libre ; à chaque instant surgissaient des difficultés de réglementation, bien faites pour décourager les volontés les mieux trempées. L'abbé Vincelot déploya, dans ces épreuves, autant d'habileté que de fermeté ; sans rien céder de ce qui était le droit, il obtint, par sa prudence constante et l'aménité de ses relations, l'estime de ceux mêmes qui d'abord avaient paru des adversaires. On le voyait aimable, et l'on n'ignorait pas qu'il était énergique. La Pension, d'ailleurs, portait glorieusement son nom dans les classes du collége universitaire. Les succès des élèves faisaient vite oublier au maître les inconvénients d'une législation jalouse.

« En même temps, M. Vincelot dirigeait, à l'intérieur, les études des classes de français, auxquelles il donna une impulsion nouvelle. Lui-même s'était chargé du cours supérieur, et il y apporta le soin méthodique, le dévouement et l'entrain qu'il mettait à toute chose. Si l'espace ne nous était mesuré, nous aimerions à montrer qu'il a été, sous ce rapport, comme professeur enseignant, un maître incomparable. Il avait, nous ne craignons pas de le dire, le génie de la classe de français : les hommes qui ont la pratique de l'enseignement comprendront cette parole, et les élèves de M. Vincelot ne nous démentiront pas. Avec lui, les études les plus arides devenaient attrayantes ; il avait tant de choses à conter qu'il mêlait à ses leçons ! Il savait si bien provoquer l'émulation et récompenser la bonne volonté ! Il prenait si adroitement et si allègrement le chemin du cœur pour arriver à l'intelligence ! Il se montrait si jeune, si ardent, si expansif, que nul ne voulait demeurer derrière. Nous en appelons au souvenir de ceux qui l'ont connu alors, qui l'ont vu, par exemple, entraîner ses élèves dans ces excursions pittoresques et instructives, qu'il a lui-même racontées, plus tard, avec tant de charme.

« Nommé chanoine honoraire en 1848 par Mgr Angebault, qui voulut ainsi reconnaître les services qu'il rendait aux familles et au diocèse, l'abbé Vincelot reçut, peu après, de M. Lambert, toute la direction du pensionnat, devenu le pensionnat Saint-Julien. Mais la loi de 1850, qui avait supprimé le certificat d'études et donné la liberté de l'enseignement secondaire, amena peu à peu des changements dans le régime intérieur du pensionnat : il fut licencié en 1859, attendant une réorganisation que commandaient les circonstances. Une année auparavant, l'abbé Vincelot, pour obéir aux prescriptions des médecins, avait dû cesser tout travail et se soumettre à un traitement rigoureux.

« Nous le retrouvons en 1860, aumônier des dames Ursulines, où son expérience et son zèle furent d'une grande utilité pour la bonne direction des études. Mais la pension Saint-Julien, qui avait repris vie en passant aux mains des Frères de la doctrine chrétienne de Nancy, le réclama de nouveau, et ce fut avec joie qu'il accepta d'en être l'aumônier (16 septembre 1863).

« Sur ce terrain connu de lui, il eut comme une efflorescence nouvelle de jeunesse et de dévouement sacerdotal. Dans ces enfants auxquels il allait consacrer l'ardeur de son zèle, il retrouvait les plus jeunes frères ou même déjà les fils de ses élèves, qui n'avaient cessé de lui garder leur confiance. Pour eux et pour lui, le présent se liait ainsi au passé sans interruption. Et puis, une grande douleur était venue frapper au cœur notre vénérable maître. Il avait vu mourir sa mère bien-aimée, qui tenait dans sa vie et dans son cœur une si grande place. Ses amis, ses élèves la pleurèrent en redoublant d'affection pour lui, et lui-même, qui parut avoir recueilli dans son âme l'héritage des tendresses de sa mère, n'en mit que plus d'ardeur à sa passion d'être utile aux autres.

« Il serait difficile de raconter en détail ces dernières années de sa vie, qui n'ont été, chaque jour, qu'une longue suite de bienfaits accomplis. Qui pourra dire qu'il soit allé à lui sans en avoir rapporté un conseil, un encouragement, une consolation, un secours ? Avec quel zèle passionné il servait les intérêts dont il se chargait ! Quelle énergie, quelle ténacité il mettait à solliciter pour ses protégés ! On ne lui résistait guère, tant il apportait de bonne humeur et de franchise dans ses demandes. Et puis, on le savait si heureux d'avoir à reporter une bonne nouvelle, qu'on se hâtait volontiers de lui donner ce plaisir. Pourquoi ne le dirions-nous pas ? il aimait à réussir, non pour lui-même, mais parce qu'il aimait la joie des autres, sentiment exquis d'une âme pure et droite.

« C'est ainsi encore qu'on le prenait à vanter volontiers ses anciens élèves, dont il suivait avec sollicitude les étapes dans la vie. Il était glorieux de leurs succès et ne s'en taisait point, avec la fierté naïve d'une mère pour ses enfants. Aussi, recevait-il de la plupart, de près ou de loin, la confidence des événements décisifs de leur vie.

« Comment pouvait-il suffire à tant de soins, dont il avait fait sa vie ordinaire ? c'est le secret de Dieu, qui avait mis en son âme la pure flamme du dévouement. Mais il avait pour tout la même ardeur généreuse ; il trouvait le temps d'être tout à ses devoirs de prêtre et de catéchiste, et tout aux services innombrables qui remplissaient ses journées. Il était toujours prêt. Un de ses élèves a déjà rappelé avec quelle vigueur et quel esprit il sut défendre, un jour, sa chère pension Saint-Julien et, plus tard, les sœurs de Saint-Charles, contre d'injustes attaques.

« Depuis longtemps, il faisait partie de la commission des examens pour le brevet de capacité, lorsque la confiance de son évêque l'appela à siéger dans le conseil départemental de l'instruction publique. Ces multiples occupations ne l'empêchaient pas de poursuivre les études sagaces, qu'il avait commencées dès sa jeunesse, sur les oiseaux, leurs mœurs et leurs noms. Membre de la Société linnéenne, il en fut un des collaborateurs les plus assidus. On n'a pas perdu le souvenir des discussions spirituelles qu'il soutint, comme il l'a écrit lui-même, *unguibus et rostro*, pour certains de ses protégés ailés. Ses plaidoyers pour le Pic et pour le Chardonneret, son Mémoire contre le Darwinisme, resteront comme des modèles de dialectique courtoise, où le bon sens se fortifie de la finesse des observations naturelles. Son livre sur l'étymologie des Noms des oiseaux, fruit de patientes recherches et d'observations consciencieuses, le maintiendra au nombre des écrivains qui ont su donner à la science une forme aimable et un but utile. L'Etat avait reconnu ses services dans les commissions d'examen en le nommant officier d'Académie et plus tard officier de l'Instruction publique. Il était en possession de l'estime de tous, juste récompense de ses qualités sympathiques, le cœur et l'esprit toujours jeunes, plein d'ardeur pour le bien, lorsque Dieu nous l'a repris.

« C'est par le cœur qu'il devait mourir.

« L'année 1876 avait été particulièrement douloureuse pour lui. Deux deuils successifs frappant à court intervalle un de ses plus vieux amis et dont il partagea toutes les cruelles émotions, avaient aggravé le mal qu'il portait en lui sans y prendre garde. Une première fois, au mois de novembre, il dut s'arrêter. Toute occupation, tout mouvement d'activité lui fut interdit. Le cœur était atteint, et la science faisait le possible pour conjurer le mal. Un moment, vers le mois de février, nous eûmes une lueur d'espoir; notre cher maître avait pu reprendre le chemin de Saint-Julien. La joie fut courte. Dans les derniers jours du mois de mars, il était de nouveau frappé et, cette fois, hélas! pour ne plus se relever.

« Immédiatement, avec la claire intelligence de son état, il fit ses préparatifs pour aller où l'appelait la volonté de Dieu. Sa foi si ferme, sa piété si tendre et si éclairée l'avaient disposé depuis longtemps à la mort, et son âme était prête. Mais il souffrit d'abord, avec ses habitudes d'exactitude, à la pensée qu'il pouvait laisser incomplète quelqu'une des dispositions nécessaires aux choses de ce monde. Un de ses meilleurs amis, dont le dévouement filial ne s'est pas démenti, de nuit et de jour, jusqu'au dernier instant, reçut la confidence de ses derniers désirs. Puis, cela fait, il attendit que Dieu disposât de lui.

« Nous l'avons vu, dans ces derniers jours, tel que nous l'avons connu ; et aux amis éloignés nous pouvons dire que leur vénéré maître, après nous avoir enseigné comme on vit dans l'honnêteté chrétienne, nous a montré comme on meurt pour aller à la récompense éternelle. Pendant plus de vingt jours, il a lutté contre la mort, avec des alternatives de souffrance et de calme, sans jamais perdre entièrement la possession de lui-même. Il manda ceux de ses anciens élèves qu'il voyait plus intimement ; il voulait les savoir près de lui au moment solennel ; il pouvait à peine parler que, du regard et des lèvres, il souriait encore à ses amis, et de son cœur, plus encore que de sa pauvre mémoire affaiblie, jaillissaient des paroles de bénédiction. « Je « vous bénis, mon frère, disait-il au supérieur de « Saint-Julien, qui n'a pas quitté son chevet ; je vous « bénis, et je bénis tous vos frères, et puis vos petits « enfants, tous vos petits enfants ! » Et, à chacun de nous, agenouillés près de son lit, il disait de tendres paroles, s'informant des enfants, des épouses, des familles...

« Avec Dieu même, il avait des mots familiers et tendres, qui n'étaient que la naïve expression de sa confiance. Nous retenions nos larmes, et lui souriait à Dieu, à son bon ange, à la Sainte-Vierge.

« Le vendredi soir 20 avril à neuf heures, comme on le trouvait plus calme, n'ayant plus auprès de lui que son confesseur et le supérieur de Saint-Julien, il s'éteignit dans un soupir, délivré de la souffrance et rendu — c'est notre confiance — à la gloire de Dieu. « Oui, ceux qui ont fait de bonnes « œuvres sont récompensés dans le ciel. » C'est lui qui, dans son agonie, faisait ce bel acte de foi et d'espérance, qui résume toute sa vie pleine de bonnes œuvres, et qui est pour ses amis la suprême consolation.

« Lundi dernier, nous avons conduit ce qui reste de lui au champ des morts : la ville entière a pu voir autour de son cercueil une magnifique démonstration de la reconnaissance et de l'affection. Nous n'ajouterons rien ; de tels hommages spontanément rendus en disent plus que tous les éloges et marquent d'un sceau glorieux la chère mémoire de notre vénéré maître.

« JULES ANDRÉ. »

ANGERS, IMPRIMERIE P. LACHESE, BELLEUVRE ET DOLBEAU.

161

www.ingramcontent.com/pod-product-compliance
Ingram Content Group UK Ltd.
Pitfield, Milton Keynes, MK11 3LW, UK
UKHW020212200726
13856UKWH00004B/1341

9 782013 044745